Rose Mary Alves

Era uma vez uma menina chamada Gula.
Gula comia tudo o que via pela frente, sem se importar com nada nem com ninguém. Comia, comia, comia...

Na sala de aula, Gula tinha vários amigos, e a melhor amiga dela era Preguiça. Gula e Preguiça faziam uma combinação perfeita: viviam grudadas uma na outra; nem as lições na sala de aula Preguiça deixava Gula fazer.

Gula e Preguiça também tinham outros amigos na sala. Egoísmo era um deles: bonito, educado, só pensava nele – tudo era dele e para ele.

Vaidade, era também muito bonita; só gostava do bom e do melhor. Vaidade e Egoísmo passeavam sempre de mãos dadas por todos os lugares. Vaidade não doava nada a ninguém, porque sua irmã gêmea, Avareza, não permitia.

Vaidade e Avareza não gostavam da menina Inveja. Inveja não percebia o quanto era indesejada. Vivia fazendo fofocas e provocando brigas entre os colegas, sem se importar com os sentimentos de ninguém. Seu único amigo, Orgulho, vivia dizendo a todos que era o melhor e o mais inteligente, que não precisava de ninguém...

Orgulho não perdoava nem pedia perdão.
Certo dia, a professora Paciência chamou todos eles para uma conversa. A primeira a chegar foi Gula, acompanhada de Preguiça, que conversava sem parar com Egoísmo, que estava de mãos dadas com Vaidade e sua irmã gêmea, Avareza. Por último, chegou Inveja abraçada com Orgulho.

Todos se sentaram.
A professora Paciência entrou na sala,
cumprimentou todos e foi logo perguntando:
— Vocês não acham que está na
hora de mudar?

Eles se entreolharam em silêncio.
Paciência continuou:
— Vocês estão felizes assim?
Então Gula respondeu:
— Não! Não sou feliz assim, mas a culpa é da Preguiça, que não me deixa fazer nada.
Preguiça, por sua vez, defendeu-se dizendo que a culpa era do Egoísmo, que só se preocupava consigo mesmo.

Egoísmo, muito bravo e nervoso, disse:
— Não! A culpada mesmo é Vaidade, que sempre é o centro das atenções.
Vaidade, com toda a sua delicadeza e educação, comentou:
— A verdadeira culpada é minha irmã gêmea, Avareza, que tudo quer e guarda, e nada faz por ninguém.

Avareza, então, colocou toda a responsabilidade nos ombros da Inveja:
— A culpa é da Inveja, que tudo faz para ver brigas e intrigas, e tirar proveito da situação.
Inveja, furiosa, gritou alto e forte:
— Não é justo que eu leve uma culpa que não mereço. É Orgulho que causa tudo isso. Ele é que deve ser punido por não ter humildade suficiente, nem para perdoar nem para ser perdoado.

Orgulho, que a tudo ouvia, abaixou a cabeça sem nada dizer, nem mesmo em sua defesa...
A sala virou uma bagunça todos discutiam entre si, falando alto e ao mesmo tempo.
Até que Paciência tomou a palavra:
— Silêncio! Tenho uma solução! – Todos a olharam, assustados.
Então Paciência continuou:
— Vou trocar todos vocês de sala. Vou separá-los.

E começou:
— Gula, você vai para a sala de Nutrição. Vai aprender a se alimentar melhor e ter, assim, uma vida mais saudável.
Ela, sem discutir, pegou suas coisas, despediu-se de todos e partiu.
— Preguiça, você vai para a sala de Atividades. Vai aprender a ser útil trabalhando e se exercitando bastante. Egoísmo, você vai para a sala do Amor. Vai aprender a dividir com as pessoas tudo o que tem e a amar o seu próximo como a si mesmo.

Paciência também acrescentou:
— Vaidade, você vai para a sala da Simplicidade. Aprenderá a ser simples e igual a todos. Entenderá que simplicidade não é defeito, e sim qualidade.

— Avareza – prosseguiu Paciência –, você vai para a sala da Doação. Perceberá que tudo o que doamos e fazemos por alguém, estamos fazendo por nós mesmos. Inveja, você vai para a sala da generosidade, vai aprender a não cobiçar o que é dos outros e perceber que tudo se consegue, com trabalho, esforço e merecimento.

Por fim, Paciência disse:
— Você, Orgulho, vai para a sala do Perdão. Vai aprender que perdoar os outros é perdoar a si mesmo, e que o perdão é o remédio para muitas de nossas doenças.
Assim, a sala ficou vazia.

Com o passar dos dias, a professora foi visitar cada um dos alunos, para ver se estavam se esforçando, e percebeu que o exercício deve ser diário, e a mudança, contínua...

Instituto Beneficente Boa Nova
Entidade coligada à Sociedade Espírita Boa Nova
Av. Porto Ferreira, 1.031 - Parque Iracema
Catanduva/SP - CEP 15809-020
www.boanova.net - boanova@boanova.net
Fone: 17 3531.4444